Georg Herzfeld

Zu Otte's Eraclius

Georg Herzfeld

Zu Otte's Eraclius

ISBN/EAN: 9783744624381

Hergestellt in Europa, USA, Kanada, Australien, Japan

Cover: Foto ©Thomas Meinert / pixelio.de

Weitere Bücher finden Sie auf **www.hansebooks.com**

ZU OTTE'S ERACLIUS.

·

INAUGURAL-DISSERTATION

ZUR ERLANGUNG

DER PHILOSOPHISCHEN DOCTORWÜRDE

AN DER UNIVERSITÄT ⁄HEIDELBERG

VORGELEGT VON

GEORG HERZFELD

DARMSTADT.
BUCHDRUCKEREI VON G. OTTO.

Meister Otte's Eraclius gehört zu einer Gruppe von Dichtungen, welche gleichzeitig mit den Meisterwerken der höfischen Erzählungskunst und unter ihrem unmittelbaren Einflusse zu Tage getreten sind. Hierher sind zu rechnen: Herbort's Trojanerkrieg, der Lanzelet des Ulrich von Zatzichoven, Athis und Prophilias, Albrecht's von Halberstadt Metamorphosen, Heinrich und Kunigunde, Moritz von Craon. Beinahe allen diesen Werken ist ein characteristischer Zug gemeinsam: das Gefühl einer gewissen Schwäche und Unselbständigkeit, welches sie ihren grossen Kunstgenossen und deren Leistungen gegenüber empfinden. Herbort z. B. „gesteht offen ein, dass sein innerer Beruf zur Dichtkunst nur klein und seine Absicht keine andere sei als die Zahl der Dichter zu mehren. sich selbst durch Fleiss und Uebung zu vervollkommnen" (Frommann, Einl. p. XI). Aehnlich äussern sich Albrecht, Ebernand und Otte selber: und doch wird man bei genauerer Kenntniss seines Werkes über · seine Leistung günstig denken, wofern Klarheit der Darstellung und feine Beobachtungsgabe sowie manche glücklichen Züge im Einzelnen bei der Beurtheilung als massgebend zu gelten haben.

Otte's Eraclius ist uns in zwei Handschriften erhalten:

1) Zu München (M), bezeichnet als Cod. germ. 57. Dieselbe enthält ausserdem das Gedicht von Mai und Beaflor und Veldeke's Eneide. Der Eraclius steht Bl. 134^b bis 166^a:. es fehlen die letzten 428 Zeilen.

2) Zu Wien (W) in dem Cod. 2693 (olim 833 U [nivers.]), wo das Gedicht in eine Umarbeitung der Kaiserchronik aufgenommen ist. Diese Handschrift enthält den

in M fehlenden Schluss; dagegen ist hier die Vorrede,
welche 140 Zeilen umfasst, als dem Plane des Ganzen nicht
entsprechend fortgelassen. Die Handschrift enthält 112
Blätter kl. Fol., jede Spalte durchschnittlich 46 Zeilen. Sie
ist durchweg von einer Hand geschrieben. Ein vorn ein-
geklebtes Blatt enthält die Nachricht, dass der Codex von
Johann Faber, Bischof von Wiener-Neustadt und Rath des
Kaisers Ferdinand I., im Jahre 1540 gekauft und dem Col-
legium zu St. Nicolaus in Wien geschenkt worden ist. —
Ich habe beide Handschriften neu verglichen, ausserdem
aber Massmann's eigenhändige Collation benutzt.

Das Gedicht ist bis jetzt zweimal edirt worden: zuerst von H. F. Massmann (als 6. Band der Bibliothek der
gesammten deutschen Nationallitteratur) im Jahre 1842,
dann von H. Graef (als 50. Heft der Quellen und For-
schungen) im Jahre 1883. [1]

[1] Ich bemerke hier, dass meine Arbeit in den Hauptpunkten
bereits abgeschlossen war, als G.'s Ausgabe erschien. Da seine Resul-
tate von den meinigen gänzlich abwichen, hielt ich es nicht für nöthig,
meine Arbeit aufzugeben.

I. HANDSCHRIFTLICHE ÜBERLIEFERUNG.

a. ORTHOGRAPHIE DER HANDSCHRIFTEN.

Beide Handschriften (M allerdings in weit höherem Grade als W) tragen die Kennzeichen bairisch-östreichischer Mundart an sich. Was zunächst M angeht, so sind hier die neuen Diphtonge *ei* und *au* durchgeführt; z. B. *sein, geit, zeit* : *auf, daucht*. Niemals begegnet *eu*, es steht vielmehr theils *iu* (speciell in den Flexionssilben), theils *au, äu*. Diesem letzteren hat in der Vorlage jedenfalls *û* entsprochen: vgl. Formen wie *laute, chrautze, tausche, ersaufte, däutet* (653[1], neben *taute* 1106). Altes *ei* wird entweder durch *ai* oder durch *œi* vertreten; wir finden *paidiu, haizzet, laide* neben *wœist, gestœin, bœiten, œit*. Für *e* steht *œ* und umgekehrt: *gemœre, tœyeleich* und *gedechte, genedich, burgere*. Nicht selten ist auch in M der speziell im Bairischen nach Liquiden auftretende irrationale Vocal, z. B. *enphalich, swariz; geworeht, zorenleich*. Für *ie* steht vor Consonantengruppen oft blosses *i: brister, wilte, behilte*. In der Lautgruppe *iu + r* ist die bair. „Zerdehnung" (Weinh. B. Gr. § 94) belegt durch die Schreibung *fiwer, tiwer*. *o* für gemeinhd. *e* erscheint in *fromede, trohtin*. Vereinzelt steht die dialectische Form *verbargen* (1983). Endlich ist die Abneigung gegen den Umlaut in M bemerkenswerth: *bose, schone* erscheinen als Adjectiv- und Adverbialformen; im Præteritum der starken Verba heisst es: *suge, luge, betruge, gewunne*.

[1] Die Verszahlen beziehen sich durchweg auf die Massmann'sche

Ueber die Consonanten ist weniger zu bemerken. *ch* vertritt überall die Tenuis an-, in- und auslautend: *chan, chnechte, denchen, mach , erschrach.* Für *sch* steht *sh: shalich, menshleicher.* Für *b* wird nicht selten *p* gesetzt: *preiten, apleip, prief. s* und *z* werden oft verwechselt, zumal in den Pronominalformen *daz, des* und *ez, es.*

Was die Flexion betrifft, so ist für M characteristisch, dass beim Adjectiv die Endung des Nomin. Sing. Fem. für den Accusativ massgebend geworden ist. Auch dies ist eine specifisch bairische Erscheinung (Weinhold, B. Gr. § 368). Beispiele: *grozziu* (21), *churtziu* (377), *solhiu* (3325); *diu* für die 736. 3298. u. ö. Apocope des auslautenden *e* findet sich fast ausnahmslos im Praeteritum der schwachen Verba, nicht minder in der Nominalflexion. Im Superlativ ist meist der alte Endungsvocal erhalten: *schonisten , weisiste, ze jungist.* Vgl. *is (= es)* 583, 84. Vom Possessivpronomen der dritten Person erscheinen stets die flectirten Formen.

Von W hat Graef in seiner Einleitung mit Recht bemerkt, dass der Dialect der Handschrift „ein fast ganz reines Mittelhochdeutsch" ist. Immerhin ist an einigen Stellen die östreichische Mundart des Schreibers erkennbar. Für mhd. *û* steht bald *ou,* bald *au.* Bsp.: *broun, roumen (: saumen* 2369), *soure, geboure;* dagegen *haus, chaume, taus (: hus* 2467). *au* vertritt aber ebenso das mhd. *ou* (in *gelaube, auch*). Vereinzelt steht *ai* für mhd. *ei* (in *aine* 42), *ei* für *î* (in *geleistet* 1810). Häufiger ist *eu* für *iu,* aber nur in nebentonigen und Flexionssilben: *ich sageu, liebeu, starkeu, guteu* (doch auch *romishiu* 2866. 4132). *ie* tritt für *i* ein vor *ht,* speciell im Reime: *lieht, geschieht, gesicht, nieht.* Ueber das häufige Vorkommen des epenthetischen *e* vergl. Graef's Einleitung p. 4.

Es ist leicht nachzuweisen, dass die Münchener Handschrift aus einer mitteldeutschen Vorlage geflossen ist. Der Schreiber von M, der den bairischen Vocalismus ziemlich consequent durchführt, überträgt oft mechanisch die mitteldeutschen Formen in seinen Dialect. So finden wir: *laute*

steht *heil* (= *hil*) 682. Auch stossen wir an verschiedenen
anderen Stellen auf ein md. *i* in Nebensilben: z. B. *angist*
(439), *habite* (1231), *ubil* (2686), *gegin* (3145), *edileich* (3195).
Wenn dann Graef (p. 5) das Vorkommen flectirter Formen
des Possessivums *ir* dem bairischen Schreiber von M zur
Last legt, so ist dies ebenso irrig wie die Behauptung, dass
der Sprachgebrauch von M „stark degenerirt und mund-
artlich (bairisch) gefärbt sei." Grade im Mitteldeutschen
begegnen die bezeichneten Formen früher und zudem auch
häufiger als im Bairischen: z. B. im Friedberger Christ,
im Arnsteiner Marienleich, im Grafen Rudolf, im Athis u. s. w.
Cf. Weinhold, Mhd. Gr. [1] § 463. Vor Allem aber ist beachtenswerth, dass in M sich häufig Infinitive mit Apocope
des *n* vorfinden: *besnide* (Prolog 133), *merè* (6), *lerne* (249),
bibene (2845), *warme* (3780), *prenne, steinne, weinne* (3993,
94), *hüte* (4184), *beleibe* (4410). Dazu kommen einzelne
mitteldeutsche Formen wie *alzois* (686), *moge* (1179), *diu
gelust* (1913), *ich wan* (2638), *hoffen* (3292); *senchte* (1045)
als Conj. Praet. (dagegen *erkande* 801. 1951). Endlich wäre
noch auf die Behandlung des Reims in beiden Handschriften
zu verweisen; doch davon an einer anderen Stelle. Eben-
sowenig lässt sich die Frage nach der Beschaffenheit der
Vorlage von W schon hier erörtern.

b. VERHÄLTNISS DER HANDSCHRIFTEN.

Ich stelle das Resultat meiner Untersuchung voran
und behaupte im Gegensatz zu Graef, dass W die jüngere
und weniger zuverlässige Handschrift ist, und dass bei der
Herstellung des Textes M zu Grunde gelegt werden muss.[1]
Meine Beweisgründe sind folgende:
1) ein formeller Grund. Der Schreiber von W (oder
dessen Vorlage) folgt der Gewohnheit jüngerer Hand-

---

[1] Lichtenstein irrt, wenn er in seiner Recension (DLZ. 1883,
Nr. 37) behauptet, Haupt habe bereits die Superiorität von W. festge-

schriften, indem er die Verse glättet und einen möglichst
regelmässigen Wechsel von Hebung und Senkung herzu-
stellen sucht. Die Beispiele sind ungemein zahlreich und
lassen sich aus allen Theilen des Gedichts beibringen:

v. 3. *Gewaltich der chrone* M. *geweltiger der kr.* W.

17. *den verlornen ze troste* M, *den wir han erchorn
ze tr.* W.

26. *ob ich ez rechte han funden* M, *ob ichz rechte han
erfunden* W.

66. *daz si nie chindes wart swânger* M. *d. si ch. nicht
w. sw.* W.

76. *daz nimt er im allez ze einem spil* M, *allez* fehlt W.

98. *du wirdest noch hinacht swanger* M, *d. w. n. hint
sw.* W.

111. *grün oder rot war* M. *grunen oder rot gevar* W.

114. *daz chint sult ir da zilen* M. *des chindes soltu da
geziln* W.

127. *die dez gerûchent* M. *die siner helfe ruchent* W.

130. *der engel schiet (cherte W) dannen* M.

148. *doch wæne ich ern tû* M, *doch wæn ich wol daz
er entû* W.

173. 4. *do si daz het getan, si gie fur ir bette san* M.
*do si daz allez het getan, do gie si fúr ir bette
stan* W.

182. *als er sich da nider* M, *also schier er sich der
nider* W.

196. *die es geren wellent verstan* M, *die ez ze rehte
w. v.* W.

Vgl. weiterhin die Verse 224, 25. 251. 256. 281.
305, 6. 314. 377. 403. 407. 409. 504, 5. 650. 756. 855.
902. 982. 1012. 1211. 1283. 1329. 1393. 1439. 1540.
1585. 1623. 1686. 1691. 1728. 1832. 1835. 1879. 2041.
2229. 2318. 2368. 2418. 2643. 2711. 2739. 2907. 2929.
3050. 3157. 3207. 3292. 3399. 3440. 3519. 3663. 3672.
3720. 3773. 3851. 4025. 4034. 4181. 4256. 4405. 4451.
4488. 4546. 4684. — Dagegen hat M, wenn auch viel
seltener, den glatteren Vers an Stellen wie 35. 112. 138·

Einige Male werden auch die in M häufigen klingenden Zeilen von 4 Hebungen mit überschlagender Silbe entfernt; so z. B. v. 62. 88. 233, 34. 291. 452. 473. 530. 619. 631. 1308. 1356. 2205. 2474. 3188. 4484. 4526.

2) W zeigt an nicht wenigen Stellen Missverständnisse der Vorlage und in Folge dessen Verderbniss: auch mangelt es nicht an Flüchtigkeitsfehlern, wie sich aus nachfolgenden Beispielen ergibt:

In M heisst es v. 972 ff.

> si chamen vnd giengen
> fur iren herren den chaiser.stan
> der enphio si wol vnd fraget san
> Eraclium der mere.

In W: der enphie si wol und fragte si san.
Eraclium d' mœre.

M (v. 1046): daz seil namen si sa ze stunt
vnd ander sein holden
die es geren tûn wolden.

W: vnd einer siner holden.

M (v. 2049): ir leip waz wol gehivre
daz herze an sivre.

W: ir herze als eine fiure.

M (v. 3988): es enwirt iu nicht so licht vergeben
dez soit ir sicher baide.

W: des sit vil schiore beide.

Ferner gehören hierher die Stellen v. 18. 52. 61. 109. 212. 264. 417. 436. 471, 72. 494—97. 531—34. 651. 699. 715, 16. 864. 900. 1024. 1066. 1196. 1296. 1394. 1450. 1494—97. 1645. 1738. 1780, 81. 1793. 1873. 1949. 2208. 2451. 2458. 2631. 2891. 2894. 2937. 2957. 3132. 3266. 3286. 3313. 3342. 3368. 3391. 3489. 3563. 3566. 3577. 3581, 82. 3663. 3697. 3714. 3843. 3900. 3902. 3904. 4017. 4028. 4040. 4046. 4054. 4109, 10. 4114. 4219. 4280. 4362. 4414. 4431. 4502. 4519. 4635. 4811. 5006.

3) In W finden sich eine ganze Menge Interpolationen, die aus verschiedenen Ursachen entstanden sind. Theils

spinnen und breit zu treten, theils darum, einen dem Schreiber nicht geläufigen Reim oder Ausdruck zu entfernen. Hin und wieder ist eine Interpolation auch durch Reminiscenzen bedingt, indem frühere Verse z. Th. wörtlich wiederholt werden.

V. 1379 ff. lauten in M:

> do namen die chamerære
> swie swære ez iu wære
> ir wage vnd ir lot
> si werten den man als er gebot
> den gebauren sechzich march.

in W:

> do namen die chamerære
> swie herte sie daz swære
> ir wage vnd ir gelôte
> daz taten si harte nôte
> silber vnd golt rot
> si werten den man als er gebot
> den gebouren sehzeo marche.

Dem Schreiber von W erschien v. 1381 zu kurz. Durch seine Aenderung wurde aber ein neuer Reim erforderlich, und daraus erklärt sich die Einschiebung. Die Ungereimtheit derselben geht schon daraus hervor, dass vorher (1356) nur von Silber die Rede ist, in dem die Summe gezahlt werden soll. — Vers 1962 heisst es von dem zur Frauenwahl ausgesandten Eraclius:

> vnder in allen vant er nicht
> als er gern wolde.

dagegen in W:

> vnder in allen vant er niet
> eine der in gezæme
> div dem riche rehte quæme
> als er gerne wolde.

Hier ist die Interpolation durch frühere ähnlich lautende Stellen (1601. 1775) veranlasst. — V. 2946 ist von der Liebesqual der Kaiserin die Rede, dann von Parides:

M:

> es wær iv ze sagen ze lauch
> wie si ir dinch an vie
> Er chom hin heim vnde gie
> in siner mûter chemenaten.

W:

> iv wære zo sagen alze lauch
> wie sie ir dinch anevie

harte erchomen sie alle des
nu vernemt wie Parides
des tages sin dinch anevienoh
or kom hin heim und gienoh etc.

Aus der fast wörtlichen Uebereinstimmung der zweiten und sechsten Zeile in W ist ersichtlich, dass hier eine ungeschickte Interpolation vorliegt. In M dagegen ist alles in Ordnung, der Stil des Ganzen dem rasch fortschreitenden Gange der Erzählung entsprechend. — Weitere Interpolationen nehme ich an nach v. 172. 234. 514. 833. 1102. 1150. 1616. 1634. 1779. 1800. 1927. 2138. 2370. 2410. 2460. 2562. 2633. 2681. 2697. 2716. 2816. 3144. 3221. 3228. 3244. 3266. 3420. 3430. 3504. 3530. 3552. 3554. 3616. 3702. 3718. 3736. 3782. 3828. 3868. 3906. 4208. 4224. 4238. 4282. 4290. 4418. 4484. 4500. 4538. 4574. 4604. 4662. — Einige wenige Stellen bleiben mir fraglich; es sind die Zusätze nach v. 1640. 2530. 3166. 3840. Hier könnte W das Richtige überliefern, wie es thatsächlich hin und wieder zur Ergänzung von M dient.

4) Es fehlt in W nicht an Auslassungen und Verkürzungen. Auch hierzu haben auffallende Reime nicht selten Anlass gegeben (z. B. 3501, 2). Ein anderer Grund ist der, dass bei zwei gleichlautenden Reimworten der Schreiber von dem einen zum anderen übersprang (dies ist der Fall v. 4145—50). Weitere Beispiele sind folgende: von der Armuth heisst es v. 499 ff.

sie nimet lützel türe,
sie enmache üz fürsten gebûre,
üz einem ritter einen kneht:
daz dunket sie allez reht.
sie râtet einem edelen wîbe etc.

Die ersten 4 Verse hat W hier weggelassen, indem der Schreiber von dem Anfangsworte der Zeile 499 zu dem gleichlautenden in v. 503 übersprang. In einem anderen Falle dagegen scheint blosse Nachlässigkeit vorzuliegen. v. 2711 reitet die Kaiserin inmitten ihres Gefolges zu dem Spiel:

dar umbe lie sie doch des niet,

ez wære in liep oder loit,
sie gruozte die liute dâ sie reit.
ein nîgen heizet dicke ein gruoz
eins wîbes daz niht sprechen muoz.

Hier fehlen in W v. 2713, 14, wodurch das Folgende ganz unverständlich wird. Weitere Auslassungen zeigt W an den folgenden Stellen: 7, 8. 117—19. 143, 44. 159, 60. 226—28. 301, 2. 385—90. 419—22. 427, 28. 521, 22. 547, 48. 571, 72. 605, 6. 735, 36. 1266. 1268. 1393—95. 2247—50. 2879, 80. 3501—3. 3621, 22. 3723, 24. 3773, 74. 3843—46. 4141—46.

5) Eine Reihe von Versen bietet W in der unrichtigen Reihenfolge, was oft mit den Interpolationen der Handschrift zusammenhängt. Umgestellt sind die Verse: 25, 26. 31, 32. 235, 36. 237, 38. 531—34. 559, 60. 565, 66. 669, 70. 741, 42. 747, 48. 763—66. 845, 46. 1261, 62. 1781, 82. 2213, 14. 2503, 4. 2553, 54. 2683, 84. 2697, 98. 2745, 46. 3193—96. 3245—48. 3317, 18. 3421, 22. 3485, 86. 3569, 70. 3571, 72. 3883, 84. 4023, 24. 4329, 30. 4607, 8. 4613, 14 (nach 4604). 4649, 50. 4661, 62.

6) Besonders beachtenswerth ist noch ein Punct. Es zeigt sich nämlich, dass der Schreiber von W darauf ausgeht, ältere und prägnante Ausdrücke, die er in seiner Vorlage findet, durch jüngere und weniger bezeichnende zu ersetzen. Es mag dies auf das metrische Princip, dem er folgte, zurückzuführen sein: zum Theil liegt aber gewiss die Ursache darin, dass er jene Ausdrücke eben nicht mehr verstand. Als Beweis dienen folgende Beispiele:

24. *deines* (l. *sines*) *dankes* M, *dankes* W. Der erstere Ausdruck veraltet im 13. Jahrhundert. Vergl. Haupt zu Erec [2] 9820. *dankes* steht übrigens noch 314. 3442.

37 ff. *er was harte riche jugende* (l. *tugende*), *guotes unde witze. des heiligen geistes hitze het im sin herze erzündet* etc. W setzt für *witze : hitze* die Reimworte *sinne : minne*. v. 40 kehrt aber wört-

Leseb. ² 191, 21. gold. Schmiede 1044 und
Grimm's Vorrede XXX, 32.

63. *von einen schulden* M, *umb ein rede* W.

103. *ze spot solt du daz niht vervan* M, *du soll ez niht ze spote han* W.

109. W vermeidet hier wie 170 das Wort *spreiten.*

123. *Pitte (heiz* W) *ein messe singen* M.

142 *laz ich disses enstan den meinen man* M. *lazze ichz wizzen* W.

149. *gewizzen* M, *bescheiden* W.

2?9. *ein hertzog hiez Gotfriet* M, *der hiez G.* W.

281. *und heten sein grozen haz* M, *und trugen im vil grozen haz* W. Vgl. Trist. 4423.

430. *welhen wis* M, *in welher wis* W.

510. *zů dem si sich gesellet* M, *zv swem sich dio* W (vgl. Ben. zu Iw. 3131).

558. *daz si sich begingen dester baz* M, *daz er sich betroge* W.

627. *des reiches truchsazz* M, *des cheisers tr.* W.

686. *alzois so tirre* M, *ze gvter mazze wise* W.

721. *ich bin wen wol so reich* M, *deiswar ich b. s. r.* W.

782. *mir engeswiche* M (im Reim 932), *michn irret* W.

845. *er marchet auf [her] vnd [dar] nider* M, *er gie fůr und wider den marchet vf vnd nider* W.

1214. *vazzen* M, *chleiden* W (cf. 626. 1708).

1250. *und lobten den tach, duz teidinch daz in geboten war* M: *vnd leisten den tach, der in von hof geboten was* W (1644 hat W allerdings auch das Wort *teidinc,* aber da steht es im Reime und war schwerer zu beseitigen).

1450. *zu dem reit er vnd erbeizte san* M, *vnd hiez in stan* W.

1461. *vnd heten sein deheinen zoren* M, *v. h. daz wol verchorn* W.

1551. *do was er der erste an daz zil* M, *zu dem zil* W (cf. Ben. zu Iw. 4665).

1582. *schier chom do ze mære sein witze* M, *do wart*

1609. *genuogen* M, *manigen* W (cf. 72. 414. 552).
1665. *reiner frouden phlegen* M, *mit reinen frœuden leben* W.
1824. *Auzzer gesteine* M, *von gesteine* W.
1834. *daz ich . . sunder bar nenne* M, *besunder* W.
1911. *besert* M, *beswœret* W.
1976. *Eraclius der mœre* M, *gewœre* W (dagegen 4103!)
Dazu kommen noch v. 2022. 2062. 2071. 2169. 2285.
2397. 2503. 2512. 2543. 2662. 2706. 2857. 3050. 3159.
3272. 3292. 3303. 3316. 3387. 3402. 3489. 3522. 3544.
3604. 3662. 3664. 3677. 3714. 3823. 3843'—45. 3863.
4124. 4244. 4287, 88. 4310. 4370. 4458. 4519.

Ich lege auf diesen Punct darum besonderes Gewicht,
weil er mir für die Superiorität von M mehr als alle anderen
Gründe beweisend zu sein scheint. Unmöglich kann man
doch glauben, dass der Schreiber einer Handschrift, die
frühestens Endo des 13. Jahrh. entstanden ist, Ausdrücke
und Wendungen in dieselbe eingeführt haben sollte, die
alterthümlicher sind als die im Original stehenden. Ausserdem ist noch ein Umstand in Betracht zu ziehen, der zu
Ungunsten von W spricht. Diejenige Gruppe von Handschriften der jüngeren Kaiserchronik, zu der W gehört,
zeichnet sich besonders dadurch aus, dass sie (oder ihro
Vorlage) sich weitgehende Aenderungen des Originaltextes
erlaubt: und zwar zeigt sich auch hier wieder das Bestreben, die Verse möglichst zu glätten. Belege hierfür
liefert fast jede Seite in Massmann's Ausgabe der Kaiserchronik. —

7) Wir haben schliesslich noch zu untersuchen, wie
W sich den ungenauen und den dialectischen Reimen gegen-
über verhält. In den folgenden Fällen hat W genauen
Reim hergestellt, bezw. dialectische Reime boseitigt:

103. *vervân : stân* M, *hân : stân* W. — 591. *nâr : wâr*
M, *nœher : wâr* W. — 1665. *pflegen : râtgeben* M, *leben : râtgeben* W. — 1845. *ze guoter mâze : gesâzen* M, *mâzen : gesâzen* W. — 2041. *began : nam* M, *quam : nam* W. — 2547.
man : nam M, *man : gewan* W. — 2585. *geswigen : wibe* M,
gedagen : sagen W. — 2690. *gewinnen : keiserinne* M , *ge-*

des Reimes wegen die ganze Stelle. — 3271. *herte : ernerte*
M, *herte : lêrte* W. Vgl. noch die Reime v. 3497. 3563.
3619. 3949. 4109. 4239. 4413. 4545. 4665. v. 59 hat
W allerdings auch den genauen Reim, hier ist aber die
Lesart in M zu verwerfen.

Ich füge gleich hier die Fälle ein, in denen M genauen Reim herstellt und dialect. Reime beseitigt:

293. *vernam : gewan* W, *vernam : kam* M.

2795. *gelaht : naht* W, *geleit : leit* M;

2871. *hân : hân* W. *hân : slân* M (nach Graef).

Beide Handschriften bieten Unursprüngliches:

447. *den hellewizen : flizen* M, *dem hellewîze : mit flîze* W.

731. *bráht : vorbedâht* M, *tâten : geráten* W.[1]

[783. *zeiten : ich enbeiten* M, *zite : enbiete* W?].

929. *geben : leben* M, *wegen : pflegen* W. Lies: *wegen
: leben* (nach Massmann).

1365. *zehowen : gentrwen* M, *zebliwen : entriuwen* W.
L. *zerhouwen : entrouwen* (vgl. den Reim v. 375).

1481. *îlen : milen* NW. L. *îlen : mile* (Lachmann zu
Iwein 554).

2565. *pheilen : weilen* M, *phile : wile* W. Lies *phîlen :
wile;* (letzteres reimt 4863 auf *er île*).

3285. *bringen : verdingen* M, *bringen : engen* W. Lies
bringen : verdringen (oder *hengen?* cf. Prolog
LXXVII).

4527. *getan : sahen an* M, *getan : san* (adv.) W. L.
getân : ane sân (= sâhen). Cf. 4109. 4413.
MFr. 45, 33.

Nun bleiben noch zwei zweifelhafte Fälle: 4103. *hêre
: offenbære* M, *mære : offenbære* W. Dazu Prol. 69, wo

---

[1] Hier ist etwa zu schreiben:
daz scheiden wart dâ jæmerlich
daz sie von einander tâten,
doch sie'z vorbedâht hâten.

Beide Hdss. haben an der ziemlich seltenen Verwendung von *doch*
(als Concessivpartikel mit dem Indicativ) Anstoss genommen und daher
geändert. Beide haben das zweite Reimwort in den Vers gezogen. (B).

lêre : gemære reimt. In beiden Fällen wird ein Schreibfehler vorliegen. Denn aus *mære* kann, wenn in der mitteld. Vorlage, wie wahrscheinlich ist, *mere* stand, recht wohl *here* entstehen. Ebenso darf man wohl annehmen, dass in der zweiten Stelle *gemêre* zu lesen ist. Bietet sich doch auch sonst kein Anhaltspunkt dafür, dass der Dichter *ê : œ* gereimt hat.

Wir finden also hier bestätigt, was wir schon vorher ausgesprochen haben: dem Schreiber von W ist es vor Allem um die äussere Form, um glatten Vers und genauen Reim zu thun; ob aber durch dies Bestreben der Sinn und der Gedanke des Dichters abgeschwächt oder verkehrt wird, das ist für ihn nur von geringer Bedeutung. Hiernach glaube ich mich berechtigt, mein früheres Urtheil zu wiederholen: die Gestaltung des Textes in W ist nicht die ursprüngliche und kann bei der Constituirung derselben erst in zweiter Reihe in Betracht kommen.

Freilich ist nun auch die Ueberlieferung in der Münchener Handschrift nicht derart, dass dieselbe etwa ausschliesslich zur Grundlage bei der Textconstruction dienen könnte. Es zeigt sich, dass wir es hier mit einem ungebildeten Schreiber zu thun haben, der häufig einzelne Buchstaben und Worte falsch liest und nicht selten durch willkürliche Einschaltungen den Vers wie den Sinn zerrüttet. Aber grade wegen seiner Unkenntniss und Unsicherheit ist es wahrscheinlich, dass er sich im Allgemeinen nicht so weit vom Buchstaben der Ueberlieferung entfernt haben wird wie der Schreiber von W (bezw. dessen Vorlage): und so ist seine Abschrift für uns die wichtigere Quelle.

Betrachten wir nun zuerst die verderbten Stellen der Handschrift M. Es sind

a) Schreibfehler, meist nur einen Buchstaben betreffend. Beispiele: Einl. 23 (*die phendunge*), 77 (*gungen*), 82 (*öch ich hes*), 84 (*dez*), 103 (*den*), 114 (*erbeiten*), 122 (*dristan*). Im Text v. 24 (*deines*), 39 (*jugende*), 88 (*ir ietweders*), 119 (*gewen*), 142 (*disses*), 214 (*gewarp*), 230 (*hivnt*), 285 (*tichten*).

737. 767. 776. 793. 848. 883. 901. 913. 923. 926. 931.
938. 945. 958. 980 u. a. m.

b) Der Schreiber hat in seinem Streben nach Deutlichkeit den Vers oft übermässig verlängert.

z. B. 375. *daz wir den tot so luczel an schouwen.*
500. *ich nemache uz einem fursten ein gebavr.*
Ausserdem v. 742. 880. 1162. 1518. 1921. 2078. 2354.
2410. 2567. 2741. 2967. 3505. 3706. 4238. 4572.

c) M lässt sehr häufig einzelne Worte, zumal Pronomina und Partikeln aus. Dazu kommen zahlreiche Missverständnisse und Flüchtigkeitsfehler. Vgl. in dieser Beziehung:

Einl. 17: *einen schatz gegeben* (fehlt ouch: nach Graef)
Text 73: *den er dez gûtes uil verleihet* (l. got).
115: *da von ich iv gesaget han* (l. dir).
116: *ir fruo ze chirchen gan* (fehlt sult).

Ferner: v. 162. 172. 213. 294. 372, 73. 377. 407. 494.
499. 503. 521, 22. 561. 646. 657. 671. 730. 767. 808.
879. 883. 931. 1016. 1033. 1069. 1141. 1156. 1162.
1226. 1272. 1316, 17. 1327. 1368. 1374. 1385. 1490, 91.
1544, 45. 1552. 1615. 1619. 1649. 1747. 1765. 1833.
2018. 2025. 2063. 2070. 2085 2093. 2117. 2180. 2203.
2244. 2259. 2263. 2305. 2433, 34. 2444. 2463. 2492.
2496. 2525. 2546. 2576. 2619. 2624. 2645. 2677. 2686.
2697. 2709. 2795—97. 2808, 9. 2811. 2836. 2858. 2868.
2872. 3002. 3010. 3114. 3121. 3268. 3432. 3472. 3479.
3518. 3535—37. 3592. 3662. 3734. 3754. 3867. 3933.
3938, 39. 3949, 50. 4084. 4182. 4248. 4279. 4332. 4361.
4402. 4409, 10. 4448. 4530. 4636. 4646. 4703.

Die Interpolationen in M sind nicht sehr zahlreich.
V. 25 ff. lauten in M:

> ze den selben stunden
> ob ich es rechte han funden
> do der herre Foras
> ze disen eren chomen was
> vnd im daz reiche waz vndertan.
>
> 30. do was also ich es vernomen han
> vnd ez ouch wol gesagen chan
> ze rome ein uil reicher man.

Hier scheinen die Verse 27—30 ein müssiger Zusatz
des Schreibers von M zu sein, der in W auch fehlt. Ebenso scheint W auch an einigen anderen Stellen das Rechte
bewahrt zu haben, besonders in dem Dialog zwischen
Parides und Morfea (v. 3019 ff. 3033 ff. 3054 ff.), wie
Graef (p. 10) nachgewiesen hat. Ausserdem kommen nur
zwei Stellen in Betracht, nach 604 und 734.

Für die Auslassungen von M zeugt folgendes Beispiel:

1115. es waz ie der bosen sit
daz si got gehazze.

Dazwischen hat W die Verse:

daz si den gůten vbel sprachen
vnd enwesten waz si an in rachen,

was unzweifelhaft richtig ist. M ist hier nämlich von 1116
zu 1118 übergesprungen, weil beide Verse mit dem näm-
lichen Worte beginnen. Ferner sind hierher zu rechnen:
die Verse 2107—10. 2273—80. 2528 (danach 2 Verse).
2634—37. 2995—3000. 3168—76. 3535, 36.

Endlich zeigt M unrichtige Reihenfolge in den Versen
131, 32. 569, 70. 1977, 78. 3421, 22. 3823, 24. 4023, 24.
4563, 64. Unter den von Graef als zweifelhaft aufgeführten
Stellen werden übrigens manche besser mit M gelesen,
z. B. die Verse 3773, 74. Die Kaiserin erklärt, sie glaube
nicht, dass Parides mit seiner Liebesbetheuerung es ernst
meine:

ich fürhte, geselle, ez si dîn spot.

Darauf erwidert Parides (nach W):

lüge ich, daz wære missetân.
die rede sult ir, frouwe, lân.

Diese Reihenfolge ist unpassend; es ist viel sinn-
gemässer, wenn Parides erst den Verdacht der Kaiserin
ablehnt, ehe er seine Wahrhaftigkeit versichert.

Zum Schlusse ist noch etwas über das Verhältnis der
Handschriften zum Original zu sagen. Graef hat aus den
gemeinsamen Fehlern von M W, die theils von Haupt, theils
von ihm selber nachgewiesen worden sind, mit Recht ge-
schlossen, dass beide aus einer und derselben Quelle ge-

hervorgegangen ist. Dagegen vermag ich ihm nicht in allen Einzelheiten zuzustimmen. Zunächst glaube ich, dass v. 145, wo Graef statt *bôsheit* — *lôsheit* zu lesen vorschlägt, die Lesart von M W doch einen recht guten Sinn gibt; im französischen Text entspricht genau das Wort *vilounie* (191: in B steht freilich *legerie*). In v. 1416 wird „*schein*" gegen Haupt beizubehalten sein. Eine andere Stelle, wo es unserem nhd. „*scheinen*" entspricht, findet sich im Partonopier. Dort heisst es v. 10522 von einem Löwen:

> doch wizzet daz er mager schoin,
> des in betwanc sin breste.

Auch Lichtenstein in seiner oben angeführten Recension von Graef's Ausgabe vertheidigt die handschriftliche Lesart.

Ich glaube noch einige Stellen beibringen zu können, in denen die Vorlage von M W entschieden verderbt war. Eine Stelle, in der ein gemeinsamer Fehler der Handschriften vorliegt, hat Graef übersehen. M liest 3592, 93:

> mit golde waz beslagen ul
> ir mantel genuh gût.

W dagegen: mit golde beslagen vber al
> ir mantel was harto gût.

Schon Haupt hat „*was*" an dieser Stelle für überflüssig erklärt; weiter hat dann Behaghel (zur Eneide 5260) durch Beispiele gezeigt, dass das Hilfszeitwort in derartigen Schilderungen fehlen kann. Einen zweiten Fehler in der Vorlage glaube ich v. 2800 annehmen zu dürfen. Die Stelle lautet in M:

> mich onwello got von himel bowarn
> meine sinne vnd meine witze.

In W: mich enwelle von himel got bewarn
> min sinne und min witzo.

Das erste Wort hat Massmann gewiss richtig in „*mir*" gebessert. Auch v. 2433, 34 und 3286 scheint die Vorlage bereits einen Fehler enthalten zu haben, den die beiden Handschriften auf verschiedene Weise zu entfernen suchten.

Wenn wir vorher auch Graef's Hauptresultat acceptirt haben, so müssen wir doch in einem Punkte von ihm abweichen und auf unsere vorausgehende Beweisführung

gestützt behaupten, dass M wegen der grösseren Alter-
thümlichkeit der Sprache und des Versbaus der gemeinsamen Vorlage entschieden näher steht als W. Demgemäss
ist M bei der Textconstruction in erster Reihe heranzuziehen,
W aber stets da zu berücksichtigen, wo es sich um offen-
bare Fehler, Entstellungen oder Auslassungen in M handelt.

Nach einer Stelle, die in W allein vorliegt, möchte
man fast vermuthen, dass nicht M und W dieselbe Vorlage benutzten, sondern dass dem Schreiber von W eine
Handschrift vorlag, die aus derselben Quelle wie M geflossen war, jedoch bereits eine Reihe von Entstellungen
und Interpolationen enthielt. Die betreffenden Verse stehen
4653 ff. und lauten in M:

> Eraclius innerchleiche rief
> ze seinem schæphære
> daz er im genædich wære
> vndo im ze helfe chæme
> als seinem namen gezæme.

W kehrt die letzten Verse um und schiebt zwei neue ein:

> als ez sinem namen zurme
> vnd im zehelfe quæme
> als er wol bedorfte
> wan er got sere vorhte.

Das Verkehrte dieser Interpolation ist einleuchtend,
auffallend aber ist der Reim, der von dem östreichischen
Schreiber von W gewiss nicht herrühren kann. Sollte dem-
nach wohl die Vorlage von M noch von einem mitteldeutschen Schreiber benutzt worden sein, der diese Verse ein-
fügte, und ist erst dessen Abschrift die Vorlage von W
geworden? Diese einzige Stelle genügt noch nicht, um
meine Vermuthung sicher zu stellen, und weitere Anhalts-
punkte habe ich nicht gefunden.

II. DIE HEIMATH DES GEDICHTES.

Ueber diesen Punkt sind bis jetzt ganz verschiedene Ansichten geäussert worden. Lachmann (Anm. zu Iw. 4928) glaubte, dass das Gedicht dem Alexanderliede örtlich nahe stehe, also an den Mittelrhein gehöre. Weinhold dagegen führt das Werk unter den Quellen zu seiner alemann. Grammatik (p. XII) auf. Martin (Wackernagel, Lit. Gesch. [2] p. 235, Anm. 26) nahm an, der Eraclius sei in Hessen entstanden. Dem widersprach Behaghel (Einleitung zur Eneide CCIII), weil er im Reime die Bindung von ô (o) und uo vor r vermisste, welche ein Characteristicum des Hessischen ist. Graef endlich kommt auf Martin's Ansicht zurück, und es ist ihm auch, wie ich glaube, gelungen, den Dialect des Gedichtes als hessisch nachzuweisen. Es wird meine Aufgabe sein, diese Aufstellung noch weiter zu begründen und zu sichern. Vorher aber scheint es nöthig, einen Blick auf die Stellung zu werfen, welche der Dichter gegenüber der mhd. Schrift- und Literatursprache einnimmt.

In dieser Beziehung ist eine Stelle des Prologs wichtig und interessant. Es heisst da folgendermassen:

CXXIV. die guoten tihtære
        bite ich durch ir êre
        unt durch got michels mêre
        daz sis rehte nemen war,
        swâr ich dar an missevar
        von swachos sinnes krefte,
CXXX.   daz si oz mit meisterschefte
        mir helfen vollefüeren,
        rihten unde stiuren,
        behouwen unde besniden.
        daz suln si niht vermiden
        und habenz zo keinem spotte.

Man könnte zunächst versucht sein, diese Ausdrücke auf den Inhalt der Erzählung zu beziehen, aber einer derselben kommt im Gedichte wieder vor (*verse rihten* 285) und bezeichnet dort ganz unzweifelhaft eine metrische Correctur. Auch an der obigen Stelle dürfen wir also dieselbe Bedeutung annehmen, und daraus ergibt sich für unseren Dichter die schon im Eingang erwähnte Thatsache: Otto wie noch mehrere seiner dichtenden Zeitgenossen empfindet es deutlich, dass er mit der hohen Entwicklung der Literatur, die auch an die technische Fertigkeit der Dichter grössere Anfordernngen stellte, nicht gleichen Schritt zu halten vermag. Er beugt also von vornherein einer absprechenden Kritik vor, indem er sich wegen seiner Ungewandtheit entschuldigt. Wo soll sich aber diese Ungewandtheit deutlicher zeigen als im Reime? Wir glauben wirklich zu bemerken, dass Otto sich bemüht dialectische Reime zu vermeiden. Er strebt der Vollkommenheit der höfischen Dichtkunst nach, verfällt aber dabei nicht selten dem Zwange seiner heimathlichen Mundart. So kommen zahlreiche Doppelformen zu Stande, die zum Theil der Schriftsprache, zum Theil dem Dialecte des Dichters zuzuschreiben sind. Um dies zu veranschaulichen und um zugleich für die örtliche Fixirung des Dialects Material zu gewinnen, lasse ich eine Uebersicht über die bemerkenswerthen Laut- und Flexionsformen folgen, wie sie sich aus der Betrachtung der Reime ergeben.

Vocale:

Kurzes und langes *a* reimen auf einander: 1) vor *n*: *ane vân* : *man* 141, *hân* : *getcan* 227, *zeran* : *sân* 555, *an* : *yân* 1207, **undertân* : *man* 4891, **sân* : *man* 5001 [1]. 2) vor *r*: *nâr* : *engetar* 1145, *wâr* : *getar* 2147. 3127, *anderswâr* : *dar* 2677, *beswârte* : *bewarte* 4171. 3) einmal vor *t*: *pârât* : *stat*. 4) *gedâht* : *naht* 2213, 2555, 2595. Im Dialect des Dichters wurde *a* vor *t* wie vor *ht* verkürzt.

Dass der Umlaut des *a* durch Doppelconsonanz aufgehalten wurde, beweisen die Reime *langer* : *swanger* 65. 97, *langer* : *anger* 597. Dies ist aber nur beim Adverbium der Fall.

e ist nicht durchweg rein bewahrt. Zunächst werden, was auch bei genauer reimenden Dichtern vorkommt, *e* und

---

[1] Die mit einem Stern bezeichneten Reime sind derjenigen

ě nicht überall geschieden. Es reimt einerseits: *wěllet : gevellet* 469, *unrěhte : geslehte* 543, *vělt : gezelt* 1259. 1747. 4477, *entwěrt : beschert* 2631, *rěhte : geslehte* 1317. 4427, *děgene : engegene** 4759; andererseits: *phert : gewěrt* 2691, *phert : gěrt* 1437, *besten : wěsten* 1505, *vegen : rěgen* 4481.

Eigentliche Apocope des *e* ist selten. Es reimt v. 731 in M das Praeteritum *brâht(e)* auf *vorbedâht:* aber diese Stelle ist unsicher. Im Uebrigen wählt der Dichter bei Doppelformen meist die kürzere. Bsp. *wit : samît* 1829, *wit : sît* 2353, *fiur : stiur* 3501, *dan : dran* 4253 etc.

i ist nicht durchweg rein bewahrt. Es finden sich einige Reime von *e : i.* Vgl. *verhengen : bringen* Prol. 77; v. 3285 (hier nach meiner Conjectur: vgl. p. 13), *verenden : widerwenden* 1141 (md. = *widerwinden;* vgl. Ernst B. 3486. Schachzabelb. 268, 11). Daneben erscheint das schriftsprachliche *bringen,* wie die Reime *phendinge : bringe* Prol. 23, *bringe : tegedinge* 1643 beweisen. Wie der Reim *enbirt : wirt* 2157 aufgefasst werden muss, ist zweifelhaft. *wirt* kann aus *wirdet* verkürzt sein: das Verbum *wirden* ist nur einmal (Trist. 8401) in der Bedeutung „würdig sein" belegt. Es mag eine Neubildung Gottfrieds sein, wie *ameiren, amuren, geherzen, tugenden* u. a. m. Aus diesem Grunde und weil man dem Dichter eine solche Syncope im Reime nicht zutrauen darf, ist eher das Adjectiv *wěrt* einzusetzen.

Kurzes *i* reimt mit langem *î:* 1) in Eigennamen. *Gotfrit : lît* 229, *Athânais : wîs* 2311. 2545. 2703. 3181. 3617, *Athânais : prîs* 2295, *is : Athânais* 2805. 2) vor Lingualen. *sis : gewis* 695, *sin : în* 1151. 3731, *baradîs : gewis* 3949.

Reime von *o : ô* nur in folgenden Fällen: *wort : gehôrt* 137. 2405, *wort : erhôrt* 3431 (dies allgemein mitteldeutsch), ferner *Myriados : erbelôs* 69. Auch hier zeigt sich wieder Abneigung gegen den Umlaut; es reimt *ich hôre : der tôre* 4919. Hierher zu ziehen ist der Reim *schône : krône* 1891, wo man *schône* allerdings auch als Adverb ansehen kann. Ausserdem *nôten : tôten* 1395, ein Reim, der ebenso im H. Ernst. B. 3873 vorkommt. Im Particip der schwachen Verba erscheinen nur die syncopirten Formen ohne Umlaut: *bestôrt : gehôrt* 4251, *trôst : erlôst* 485, *: belôst* 1339.

Der Name *Eraclius* erscheint im Reime auf *hûs* 745.
1579. 2031. Sonst reimt nur *ûf* auf *huf* 3683. Aber im
Dialect des Dichters wurde gewiss *uf* gesprochen, wie noch
heute in vielen Gegenden Mitteldeutschlands. Vgl. Weinhold, mhd. Gr. [1] § 50. — *o* für *u* nur in dem Worte *fromen*,
welches stets im Reim auf *komen* oder *genomen* erscheint.
Auch dies ist eine mitteldeutsche Eigenthümlichkeit.

Ob auch bei *u* der Umlaut immer und überall fehlt,
lässt sich wegen des Mangels an beweisenden Reimen nicht
ermitteln. Nur so viel scheint festzustehen, dass vor einer
Verbindung von Liquida mit Muta der Umlaut ausbleibt.
Dies betrifft in erster Reihe den Conj. Praet. der starken
Verba. Vgl. die Reime *stunde : kunde* 251, *funden : kunden*
1767, *kunde : funde* 2055, *underwunden : kunden* 2205; wohl
auch *verdurbe : erwurbe* 1391. —

Diphthonge:

iu wird mit *ou* im Reime gebunden. Bsp. *schouwen :
getrouwen* 375, *zerhouwen : entrouwen* 1365 (wo W ändert).
Andrerseits reimt *triuwe* auf *riuwe* 2019, *riuwen* auf *ge-
triuwen* 3701, *geriuwen : entriuwen* 3817 u. s. w. Der Umlaut scheint auch hier zu fehlen; vgl. *gefrouwet : bestrouwet*
4549 (*gefraut : bestraut* M).

uo wird mit *û* gebunden: *zuo : slaefes dû* 93, *zuo : nû*
1943, 3489, *ich entuo : nû* 3359, wo überall für *uo û* einzusetzen sein wird. Dass auch *uo* dem Umlaut sich entzog,
zeigen die Reime *behuote* (cj.) : *muote* (ind.) 2035, *guoten :
behuote* 4665 (dieser nur in M). Es mag trotzdem der Umlaut *üe* bestanden haben, aber beweisen lässt sich weder
das eine noch das andere. Von den Handschriften schreibt
M meist *û*, W dagegen meist *û*.

Besonders hervorzuheben ist der Reim *vollefüeren :
stiuren* Prol. 131; denn aus demselben ist zu schliessen,
dass in dem Dialect des Dichters *iu* und *uo (üe)* mit *û*
zusammengefallen sind. Es ist zu beachten, dass dieser
Reim nirgends ausserhalb des Prologs wieder vorkommt,
in dem die dialectischen Reime am häufigsten auftreten (8

Consonantismus:

Hier ist in erster Linie die Behandlung des hochd. *h* zu beobachten:

1) im Auslaut schwindet *h*. Bsp. a) nach Vocalen *nâ : Cassiniâ* 295. 361, *dâ : nâ* 1205. 1529. 3797, *nâ : sâ* 1745. 2539. 3747, *hô : strô* 2061. b) nach *l. enphal : stal* Prol. 7, *spil : bevil* 3495.

2) im Inlaut fällt *h* gleichfalls aus: a) nach *l. beveln : steln* Prol. 25. 2443, *verholn : bevoln* 255, *bevoln : doln* 2219, *beveln : heln* 3093, *bevoln : verdoln* 3451.

b) vor *t. schiet : niet* 367. 1961, *guot : entschuot* 1533, *geschiet : beriet* 2005, *niet : riet* 2711. 2853, *ane siet : liet* 4487, *diet : niet* 4517. Dagegen wird man v. 1107. 2141 *geschiht : niht*, v. 2339 *ensiht : niht* anzusetzen haben, worauf auch die Schreibung der Handschriften führt. Denn dass die gewöhnliche Form dem Dichter ebenfalls geläufig war, beweisen Reime wie *niht : enciht* 1187. 1483, *ze nihte : algerihte* 2013, *mit nihte : gerihte* 4121.

c) Ganz allgemein ist der Ausfall des *h* in der Stellung zwischen Vocalen. Die Reimbelege sind in zwei Gruppen zu sondern, je nachdem Contraction eintritt oder nicht. Der erste Fall ist der bei weitem häufigere.

a) *ane vân : hân* Prol. 31, *enphâst : lâst* Prol 55, *wân : ane vân* Prol. 63, *vervân : stân* 103, *enphân : getân* 205, *lên : flên* 467, *nâr : wâr* 591. 4063, *fürwâr : nâr* 657, *erstân : hân* 1179, *stân : getân* 1571, *wân : enphân* 1655, *zên : flên* 1917, *stân : lân* 2173, *rât : lât* 2483, *stân : enphân* 2563, *hân : hân* (nach Graef) 2871, *sân : aderstân* 3033, *sên : ergên* 3221, *hân : versmân* 3301, *gên : flên* 3399, *stân : wân* 3439, *ane vân : sân* 3491. 4675, *getân : versmân* 3839, *ane vân : lân* 4109, *undertân : ane sân* 4413, *getân : ane sân* (= sâhen) 4527, *missetân : stân* 4573, **stân : vân* 5083. — Dagegen finden wir auch Reime wie *gâhen : nâhen* 889, *vervâhen : nâhen* 3217, *nâhen : sâhen* 3309, bei denen eine Contraction schon des Versmasses wegen nicht wohl möglich ist. Aus demselben Grunde könnte man versucht sein, in zwei der oben angeführten Fälle (467. 1917) die vollere Form einzusetzen: indessen ist dies nicht unbedingt nöthig.

β) An einigen wenigen Stellen haben wir dann Ausfall des *h* ohne Contraction: *wien : amien* 2235, *zien : erzenien* 2991. 3313. Cf. Erec 1339. 4248. Lanz. 1939. Lachm. zu Iwein 6444. In anderen Fällen hat sich *h* gehalten (*verlihet : verzihet* 73, *lihen : verzihen* 2285).

Endlich ist noch der Reim *ahte : machte* zu erwähnen, der 483 1675 vorkommt. Dieser Reim erscheint oberd. nur noch bei Konrad von Würzburg und in der guten Frau (Sommer zu Flore 1085).

Zwei auslautende *c* verschiedenen Ursprungs werden bei unserem Dichter, wenn auch selten, im Reime gebunden. Bsp. *erschrac : lac* 133. 241. 3141, *gesmac : lac* 1119.

Für die Behandlung des auslautenden *z (s)* beweist der vereinzelte Reim **saz : Cosdroas* 4897 nichts, da auch hier wieder der Eigenname in Betracht kommt.[1]

d steht ausnahmslos nach Liquiden für oberd. *t*. Bsp. *wolde : holde* 207. 4443, *vergolden : holden* 1429, *solde : golde* 1823, *wolde : golde* 1963. 3877, *alde : balde* 3375. 3703, *gewalde : balde* 4395; *bisande : sande* 751, *sande : lande* 2365. 4565. Für *m* und *r* fehlen die Reimbelege.

Wir reihen hieran die consonantisch ungenauen Reime: *d : b. miden : triben* 2433. — *g : b. wegen : leben* 929, *pflegen : râtgeben* 1665. — *d : l. genœdic : sœlic* 3189. — *m : g. vernâmen : pflâgen* 2683. — *m : n. vernam : gewan* 293, *began : nam* 2041, *man : nam* 2547. — Ein Buchstabe ist nicht berücksichtigt in dem Reime *widere : biderbe* 4239.[2]

Nicht selten erscheint ein überschüssiges *n* im Reime. Folgende Beispiele sind anzuführen: *hellewize : flizen* 447, *vervienge : giengen* 971, *îlen : mîle* 1481, *mâze : gesâzen* 1845, *philen : wile* 2565, *gedœhte : œhten* 2657 (Graef p. 25), *beginnen : minne* 3619, *stunde : begunden* 4545, *guoten : behuote* 4665. Unsicher ist es, ob man 2019 *triuwe : herzeriuwen* schreiben darf. Haupt, der die Reime dieser Art sämmtlich

---

[1] Wahrscheinlich ist hier *Cosdroas* zu streichen und es reimte *saz : das* (B.).

[2] Dieser Reim ist im 12. Jahrh. besonders beliebt gewesen; vgl. z. B. pf. Konr. 276, 6. Erinn. 427. Graf Rudolf 28, 12. Wernh. Mar.

aus dem Gedicht entfernt wissen will, setzt hier wohl mit
Recht die starke Form *riuwe* ein. Eine doppelte Unge-
nauigkeit zeigt der Reim *geswigen : wibe* 2585. Uebrigens
haben wir schwerlich hier überall Apocope des *n* anzunehmen,
da, wie wir sehen, die Zahl der ungenauen Reime keine
geringe ist.

Flexion. 1) Nomen.

Hier ist nur die Behandlung des Dat. Sing. der starken
Flexion bemerkenswerth. Im Allgemeinen lässt sich beobachten, dass einsilbige Stämme die Endung verlieren,
mehrsilbige sie beibehalten. Z. B. *gewalt* 219, *art* 363,
hant 727. 913. 1303, *grúz* 1077, *brust* 1914, *stunt* 2823; dagegen *krefte : meisterschefte* Prol. 129, *heidenschefte : krefte*
4257 (beide Male auch durch das Metrum erfordert), *kristenheite : geleite* 4279. Durchgreifend ist diese Regel aber nicht;
vgl. *zewâre : jâre* 263, *lande : gewande* 1707, *muote : huote*
2393, *guote : muote* 3171, andrerseits *(ûz dem) baradis : gewis* 3949.

Neben einander finden sich die Femininformen der
Substantiva auf *in* und *inne*. Belege im Reim: *ich gewinne :
keiserinne* 1923, *hinne* (*hinnen* W) : *der keiserinne* 2427, *gewinnen* (inf.) : *der keiserinne* 2689, *sinne : küniginne* 3179 etc.
Ist hier die schwache Flexion eingetreten, welche als specifisch mitteldeutsch gilt (Weinh. § 443)? Die Form auf *-in*
erscheint im Reime 2101. 2727. 2921. 3135 u. ö.

2) Verbum.

Die 1. Pers. Sg. Praes. weist einmal die Endung *-en*
auf: 783 reimt in M *ich enbiten : ziten*. Es liegt hier nahe
enbîte und *zîte* zu schreiben, und in W ist dies allerdings
geschehen: aber diese Handschrift ist unzuverlässig, da sie,
wie wir oben bemerkt haben, in der Mehrzahl der Fälle
die dialectischen Reime ändert.

Eine Reihe von Reimen zeugt dafür, dass in der 2.
Person der Dichter die alte Form auf *-s (-es)* bewahrt hat.
Vgl. *bis : peccatóris* Prol. 43, *kindes : bevindes* 99, *bis : gewis*
311. 1611, *sis : gewis* 695, *sis : wis* 681. 1165. 3627. *4979,

lât 463. 767. 1489, *enphâst : lât* Prol. 55, aber diese Reime
sind nicht beweisend.

An drei Stellen geht die 3. Pers. des Plur. auf *-en*
aus: *vernemen : gezemen* 1653, *haben : durchgraben* 2399,
gesellen : zellen 5043. In den beiden ersten kann allerdings
der Conjunctiv vorliegen.

Eine relativ seltene Bildung ist die der 2. Pers. Sg.
Praet. *gedæhte : fürbræhte* (Prol. 41). Vgl. dazu Weinhold,
Mhd. Gr. [1], § 390.

Der flectirte Infinitiv erscheint ohne Endung. Einziger
Reimbeleg *ze sagen : gedagen* 231; häufiger im Versinneren
(157. 189. 195. 349. 825. 2005. 2256. 2946. 4208). Dagegen
steht *z'enberne : gerne* 477.

Im Partic. Praes. erscheint die Form *zeherunden* 4999,
wo sie dem Schreiber von W zufallen kann; im Part.
Praet. einmal die alterthümliche Endung *-ôt* (*nôt : gemarterôt*
*5041). Ebenso nur ein einziges Mal die syncopirte Form
gelaht (: *naht* 2795), während die Form auf *-eit*, da sie zum
Reim bequem war, durch mehrere Beispiele belegt ist. Es
sei hier beiläufig bemerkt, dass der Dichter die verkürzten
Formen wie *git, lît, treit* gern als Reimworte gebraucht.

Zu einzelnen Verben noch einige Bemerkungen:

komen. Im Praeteritum nur die *a*-Formen, wie die
Reime zeigen. Die Handschriften setzen oft *o*.

soln. sal : al 1933 (allgemein md.); daneben *sol : wol*
2156. 2797.

wellen. 2. Sg. *du wil : vederspil* 2519, : *spil* 3923.

haben. 2 Sg. Praet. *hæte* Prol. 16. Die vollere Form
habete im Reim auf *drabete* 1231. Die kürzere (*hâte, hete*)
erscheint nicht im Reim, wird aber an verschiedenen Stellen
durch das Versmass verlangt.

tuon. zuo : wie du tuo 3185. Ueber diese Form vgl.
J. Grimm, kl. Schr. I, 316. Haupt zu Erec [2] 4968. *ich*
entuo : nuo 3359 ist bereits früher erwähnt.

gân und *stân.* Die *a*-Formen überwiegen bei weitem.
Im Praet. Sing. heisst es ausschliesslich *gie* (im Reime auf
lie, knie, die, nie). Im Particip Doppelformen: *zergân* 2915,

3) Adjectiv und Adverb.

Auch hier sind zuerst einige Doppelformen zu verzeichnen: *vast : gast* 2499, **vast : gebrast* 4709, daneben *veste* im Versinnern 4693; *hart : wart* 2543, aber *herte : ernerte* 3271. — Bei Adverbien: *sâ* und *sân* (dies häufiger, im Reime 23 mal vorkommend), *mêre* und *mê*, *sint* und *sit*, *niht* und *niet*. In der zusammengesetzten Form finden wir für das Adjectiv nur *-lich* (im Reime auf *mich, dich, sich*), für das Adverb nur *-liche* als Endung.[1] M überliefert zwar *ertriche : lûterlichen* 3199: aber schon Haupt hat hier die richtige Form eingesetzt. Vgl. dazu den Reim *wisliche : in ertriche* 3095. Noch ist zu bemerken, dass in M mitunter die starke Form des Adjectivs steht, wo im Nhd. die schwache angewandt wird; z. B. *von dîner heiliclicher gebe* Prol. 29, *mit manigem kleinem borten* 1809, *mit siner ellenthafter hant* 4244.

4) Pronomina.

Die Inclination des Personalpronomens scheint beliebt zu sein. Es erscheint im Reime *hirz : mir'z* 1313, *wirs : mir's* 2373, *mich's : dich's* 3057. Als Genit. des Masc. und Neutr. wird *es* und *sin* gebraucht; die Handschriften verfahren hier wie immer sehr willkürlich (Lachmann zu Iw. 2105. 2215). Die Femininform ist *sie* (im Reime 2319. 3429. 3929. 4161), niemals *si* oder *siu*. Zu beobachten die vollere Form *deme* (*: gezeme* 1289).

5) Zahlwort.

Hier ist nur die Form *tûsunt* auffallend (*: stunt* *5117). Dieselbe kommt, wie es scheint, nur bei alem. und md. Dichtern vor (Weinh., Mhd. Gr. § 320, Alem. Gr. § 326).

Ich gehe jetzt zur Bestimmung der Heimath des Gedichtes über. Wenn ich mir vorher Graef's Resultat aneignen durfte, so bin ich doch nicht mit der Art und Weise einverstanden, wie er dazu gelangt ist. Wenn man die Reime des Eraclius mit denen im Trojanerkrieg Herborts vergleicht, so muss ein negatives Resultat herauskommen;

---

[1] Manchmal scheint durch das Metrum die Form *-lich* gefordert: z. B. *frôlich* (1212), *niulich* (1597. 4382), *gewisluch* (3462), *billich* (3858).

man wird höchstens soweit gelangen, dass man das südliche oder westliche Mitteldeutschland als Heimath bezeichnen kann. Ich schlage ein anderes Verfahren ein, indem ich ein Paar Gedichte zur Vergleichung heranziehe, die örtlich ebenso fixirt sind wie das Werk Herborts, deren Reime andrerseits denen des Eraclius noch genauer entsprechen. Es sind dies die Erlösung und das Leben der h. Elisabeth, beides bekanntlich Werke eines und desselben Dichters, welcher der Gegend von Marburg angehört.[1]

Ich führe in meiner Uebersicht von jedem Reime nur ein Beispiel an, wobei ich zumeist auf die Anmerkungen der Herausgeber verweisen kann. Zunächst die mit dem Eraclius übereinstimmenden Reime.

Vocale: a : á[2]. gehorsam : rám Elis. 3269 u. ö.; zur Erl. 80. Vgl. auch bráhte : mahte Erl. 5776. — i : i. Sifrit : zit Elis. 9725, grin : hin Erl. 925. — o : ó. lón : von Elis. 2387, von : Babilón Erl. 5830. — u : ú. [ruch : brúch Erl. 1233. 5714. Zweifelhaft: cf. Germ. VII, 4] — e : i. merke : wirke Elis. 7464; zur Erl. 5732. — o : u. Bitterolt : ungedult Elis. 195; zur Erlös. 516.

Diphthonge: iu : uo (üe). lüde : güde Elis. 431. frünt : tünt 1719. — uo : ú. dú : zú Elis. 931 u. ö.; zur Erlös. 93.

Consonanten: d statt hochd. t ist in der Elis. und der Erl. sehr häufig im Anlaut und Inlaut, nicht blos nach l und n (cf. Bartsch zur Erl. 303. 3050. Rieger p. 33).

h fällt weg 1) auslautend: schú : nú. Elis. 3745; tú : schú Erl. 3925. 2) inlautend nach l: beral : dal Elis. 1183; vor t: niet : diet Elis. 1382, Erl. 1734. 3) intervocalisch mit Contraction: jên : geschén Erl. 675.

h reimt auf ch: erwahte : machte Elis. 1631; z. Erl. 5051.

---

[1] Ich verweise im Folgenden auf die Ausgaben von Bartsch und Rieger sowie auf den Aufsatz von Bartsch über den Dichter der Erlösung (Germ. VII, 1 ff).

[2] Die Reime von kurzem auf langen Vocal sind nicht sicher weil bei diesem Dichter schon Verlängerung der kurzen Stammsilbon

g geht vor *t* im Praet. und Partic. in *h* über: *lahte :
machte* Elis. 92. 1468. 3538; zur Erl. 2014. 5051. Daneben
in beiden Gedichten die Form *geleit :* Elis. 960; zur Erlös.
6443.

m : n. heim : ein Elis. 1299.

Ueber Reime von *e : en* vgl. die Anm. zur Erlös. 2768.

Flexion:

1) Nomina: Apocope des *e* im Casus obliquus: *er-
beit : gemeit* Elis. 433; dann in den Flickwörtern *zustunt,
zuhant* Elis. 699. 961. 3020, zur Erl. 4346.

2) Verba: *-en* als Endung der 1. Pers. Sg. Praes.
ist häufig; vgl. Rieger p. 40, zur Erlös. 4465. — Die 2.
Pers. geht auf *-es* aus; vgl. Rieger a. a. O., zur Erl. 757.
Die 3. Pers. Plur. weist zuweilen die Endung *-en* auf: Rieger
p. 41, zur Erl. 485. 2382. Daneben begegnen in all diesen
Fällen die regelrechten Formen auf *e, est, ent* auch im
Reime.

Die 2. Pers. Sing. Praet. schwacher Verba geht auf
-e aus nach Analogie der starken Flexion: vgl. Anm. zur
Erl. 2148. In der Elisabeth zeigt sich dies nicht.

Von *komen* finden wir im Praeteritum nur die *a*-Formen
(wie im Eraclius). Vgl. die Anmerkung zur Erlös. 356.
Von *suln* haben wir Doppelformen auf *u* und *o*. Im Praeteritum von *haben* zeigt sich eine grosse Mannigfaltigkeit der
Formen: nur *habete* erscheint niemals, weil es am Ende des
13. Jahrh. in dieser Bedeutung veraltet war. Es scheint
dies eine oberd. Form zu sein, wie auch im Particip das
uncontrahirte *gehabet* oberd. allgemein ist (Weinhold Mhd.
Gr. § 377. B. Gr. § 319). Von *gân* und *stân* erscheinen
die Formen mit *â* und *ê* (zur Erl. 2444. 4957). In der
Elisabeth sind die *ê*-Formen häufiger (Rieger im Glossar
p. 406). Bemerkenswerth sind endlich die Participia *gegân*
Erl. 5172, *gestân* 4957 (beide im Reime auf *wân*).

Dass auch dieser Dichter *lich* als adjectivische, *liche*
als adverbiale Endung verwandte, beweisen die Reime :
Erl. 49. 329. 467; 207. 351. 359. 519. — Elis. 449. 3283.
4673; 137. 227. 321. 3228.

Beim Pronomen ist Inclination natürlich nichts Seltenes, aber im Reime scheint sie der Dichter zu meiden. Vgl. Rieger p. 18; Anm. zur Erl. 4371. Das Pron. pers. der dritten Person lautet ausnahmslos *sie* (Germ. VII, 7).

Wir erkennen hiernach deutlich, wie gross die Uebereinstimmung in den Reimen zwischen Otte und dem geistl. Dichter ist. Besonders wichtig ist es, dass bei beiden die Form *gelaht* sich findet, die sonst in md. Dichtungen selten erscheint (Germ. VII, 6). Gleichwohl lässt sich nicht leugnen, dass in der Elisabeth und der Erlösung eine ganze Anzahl von Reimen vorkommt, die man im Eraclius vergebens suchen würde. Stellen wir nun dasjenige, was beiden Dichtern eigentümlich ist, zusammen:

a) im **Eraclius**: *e : ë, ou : iu*, Ausfall des *h* ohne Contraction, consonantische Reimungenauigkeiten (*d : b, g : b, d : l, m : g*); die Adjectivformen *vast* und *hart* neben *veste* und *herte*; der nicht flectirte Infinitiv; die Participialendung *-ôt*.

b) in der **Elisabeth** und der **Erlösung**: *o* für *e*, *â* für *ô, ê* für *œ, î* für *ie* (zur Erl. 2020); *d* für *t* anlautend, inlautend nach Vocalen, Ausfall des *h* in der Lautgruppe *rht*, Erweichung des *k* vor *t* in *h, mm* für *mb, p* an- und auslautend für *pf*, Metathesis des *r*, Assimilation von *hs* zu *ss, w* im Inlaut für *j*. In der Verbalflexion zeigt sich kein besonderer Unterschied. Dagegen in der Nominalflexion: die Pluralformen starker Neutra in *e* und das flectirte Pronomen *ir*.

Nach dieser Vergleichung ergeben sich allerdings nicht unerhebliche Verschiedenheiten im Dialect beider Dichter, welche vielleicht einen Zweifel an unserer Ansicht begründen könnten. Hier sind nun aber zwei Punkte in Erwägung zu ziehen. Otte's Erzählung zeigt im Ganzen einen höfischen Character und ist auf ein höfisches Publikum berechnet, während der geistliche Dichter „für einen klösterlichen Leser- oder Hörerkreis schrieb" (Rieger, Einl. p. 58). Daraus ist weiter zu schliessen, dass jener seine Sprache der höfischen Redeweise anpassen und dialectische Reime möglichst vermeiden musste, während dieser, dessen Publikum

− 31 −

doch immer nur ein beschränktes war und zudem zum
grössten Theile aus Landsleuten des Dichters bestand, keine
Veranlassung hatte, seine heimathliche Mundart zu ver-
leugnen. Dazu kommt noch, dass der Verfasser des Eraclius als fahrender Spielmann (Graef p. 82) sich gewiss
längere Zeit in Oberdeutschland aufgehalten und oberd.
Eigenthümlichkeiten [1] angenommen hat. Der geistliche
Dichter hingegen mag sich selten genug aus dem Kloster
entfernt haben; bei ihm musste auch der Dialekt um so
deutlicher zu Tage treten, weil zu seiner Zeit der Einfluss
der Schriftsprache bereits sehr nachgelassen hatte (vgl. auch
Graef p. 30, Anm.). Nachdem auf diese Weise die erwähnten Abweichungen ihre Erklärung gefunden haben,
trage ich kein Bedenken festzustellen, dass der Dichter des
Eraclius ebenfalls im südlichen Hessen bez. in der Wetterau
zu Hause gewesen ist.

Anhangsweise bemerke ich, dass das Gedicht „von
Katharinen Marter", welches Lambel Germ. VIII, 129 ff.
edirt hat, derselben Gegend wie der Eraclius anzugehören
scheint. Der Herausgeber, der sich über die Heimath des
Gedichtes nicht bestimmt ausspricht, hat (p. 130) bemerkt,
dass dieselbe „eine Gegend muss gewesen sein, in der noch
eine Berührung mit dem Hochdeutschen möglich war."

--

III. ZUR ENTSTEHUNGSZEIT DES ERACLIUS.

Zwei Kriterien sind es, nach denen die Entstehungszeit unseres Gedichtes sich bestimmt: einmal Anspielungen
auf historische Ereignisse, zweitens Beziehungen zu älteren
oder zeitgenössischen Dichtungen. Die letzteren, welche
ziemlich zahlreich sind, betrachten wir zuerst.

Von älteren Werken scheint unserem Dichter das

[1] Dahin ist zu rechnen die Reimbindung *ou : iu* (vgl. Bartsch,
Herzog Ernst XXXIV) und die vereinzelte Form *habete.*

Alexanderliod des Pfaffen Lamprecht bekannt
gewesen zu sein, wie sich aus folgenden Stellen ergibt:

daz was ein michel baltheit   Al. 377 = Er. 4913.

in dem selben nltspile   Al. 1293 = Er. 4544.

iz gê ze schaden oder ze fromen   Al. 1631.

[mir] ze schaden oder ze fromen   Eraol. 162.

liezen si in vbir daz wazzir comen,
si ne gwunnen is niemer fromen.   Al. 1655.

daz kom im ze grôzen fromen.
überz wazzer mohto niemen komen.   Er. 4409.

dâ si zesamene quâmen
unde grôzen scaden nâmen.   Al. 3266.

den schaden den die heiden
alle zit nâmen,
sô sie zesamene kâmen.   Er. 4350.

des morgenis als iz tageto   Al. 4406.
des morgens fruo do ez tagcte.   Er. 4491.

[Aehnliche Verse z. B. Eilh. 6775, Il. Ernst B 1620].

wiste ich wêrliche daz,
mir wêre lange desto baz.   Al. 6434.

sô wizzet wœrliche daz:
ir muget immer deste baz.   Er. 3411.

der frâgete si waz si wolden:
si sageton daz sî solden
lâzen ir singen
unde zins bringen.   Al. 6873.

sie frâgten waz sie wolde;
dô jach sie daz sie solde
ir frouwen kersen bringen.   Er. 3283.

Mehrere mit Eilhart's Tristrant übereinstim-
mende Stellen hat Lichtenstein in seiner Recension ange-
führt. Es kommen dazu noch folgende:

ouch was daz kint sô gereit
daz ez des niht enlîz
swaz ez sîn meistir tûn hîs.   Eilh. 182 (ähnl. 2897).

diu frouwe des niht enliez
des sie der engel tuon niez.   Er. 163 (ähnl. 53).

dû mohtest doch den lip fristen.   Eilh. 695.
sô maht du den lip fristen.   Er. 4877.

ez geit mir nû als got wil.   Eilh. 1188.
ez stât um mich swie got wil.   Er. 3042.

daz he ein wîp nême di sînem namen wol gezême. Eilh 1347.
er wolde wein under in
eine diu im zæme
und dem rîche rehte kæme. Er. 1774.

wen ich wil mîuen mùd
von im gerne wendin. Eilh. 2506.
wer dich sêre, daz ist dir guot.
gerne, möhtich den muot
von im gewenden — ich enkan. Er. 2811.

er gebôt
daz sie sich bereitin dar zû:
he wolde des morgenes frû
in den walt rîten jagin. Eilh. 3443.
er hiez den frouwen kundon
daz sie sich bereiten dar zuo
unt des morgens vil fruo
bî ein ander wæren. Eracl. 1768.

nurâ helde gûte. Eilh. 3947 = Eracl. 4507.

wie her ez ane vinge
daz wêre zu sagene al zu lanc. Eilh. 5006.
ez wær îu ze sagen ze lanc
wie sie ir dinc ane vie. Er. 2946.

idoch enliz her des nît,
ez wêre ir leit adir lip. Eilh. 6675.
dar umbe liez sie des doch niet
— — — — — — — — — —
ez wære îu liep oder leit. Er. 2711.

Sind nun auch diese Anklänge zu allgemeiner Art und
deshalb wenig beweisend, so ist weiterhin der Einfluss
Heinrichs von Veldeke ganz unzweifelhaft und in der
Ausgabe der Eneide von Behaghel durch zahlreiche Beispiele belegt. Vielleicht hat Otte bei der Aufzählung der
Edelsteine (v. 859 ff.) eine ähnliche Stelle in der Eneide
(v. 5789 ff.) vorgeschwebt; wenigstens ist die Reihenfolge
annähernd die gleiche. Gleichlautend ist auch der Fluch:

daz im got geswîche. Eracl. 1337. En. 11465 (cf. Eilb. 7974).

Ganz besonders zahlreich sind die Parallelstellen
zwischen dem Eraclius und der ersten Bearbeitung des
Gedichtes von Herzog Ernst. Schon einzelne stilistische

Momente[1] zeigen Uebereinsimmung. So ist die Alliteration auch im Herzog Ernst sehr häufig (vgl. z. B. 2597. 2687. 3124. 3695 — 98. 3724 etc. der Ausgabe von Bartsch). Ferner Verallgemeinerungen wie: *als er noch vil manigen tuot* 1233, *als noch liute undr einander tuont* 3159 (vgl. 651. 1455. 2196. 3395. 3830. 4341. 5914). Vorausdeutungen finden sich ebenfalls: *da von si selbe ouch sint verdarp* 3124: dazu 3212. 5174. 5504. Volksthümliche Formeln besonders copulativer Art sind stark vertreten: *beide willen unde muot* 1255, *niemen streit noch envaht* 1321, *mit speren und mit schilden verren unde witen* 1340, 41; ausserdem 1535. 1721. 1759. 1953. 2198 u. a. m. Dazu konimt noch eine Reiho ähnlich oder gleich lautender Stellen:

allo die des geruochten
die sine helfe suochten.
Ernst 231.

die des geruochent
daz siz an in suochent.
Er. 127 (cf. Eneide 12693).

er hæte gerne genomen
eine diu im gezæme
und dem rîche rehto kæme.
Ernst 260.

er wolde wein under in
eine diu im zæme
und dem rîche rohte kæme.
Er. 1774.

ouch beswârte sie in nie
mit keiner slahte schulde.
Ernst 534.

ich beswârte nie sînen muot.
Er. 2608.

daz müet mich, herre, und ist
mir leit.
Ernst 686.

din kumber und din arbeit
müet mich sêre und ist mir leit.
Er. 569 (cf. 854. 3378).

si fuoren wider an ir gemach.
Ernst 2476.

er fuor wider an sin gemach.
Er. 131.

daz si sô leider geste
in ir lant nie mê gewunnen
noch niemer gewinnen kunnen.
Ernst 2992.

der ist bezzer danne al daz golt
daz ir ie gewunnet
und noch gewinnen kunnet.
Er. 1000.

swie ez nû umb mich ergât
Ernst 3509.

= Eracl. 160. 687. 4063.

als got wolde und er gebôt
Ernst 4333. .

als got wolde unt gebôt
Er. 2092.

---

[1] Für den Eraclius vgl. hierzu Graefs Aufzählungen p. 70. 76. 77.

dô suochten die vil küenen man
beide für unde wider
daz wazzer ûf unde nider.
    Ernst 4374.

er reit für unde wider
den market ûf unde nider.
    Er. 1293.

daz sie geriuwet diu vart
daz ir ie gedâht wart.
    Ernst 5199.

in geriuwet diu vart
daz ers ie gedâhte.
    Er. 4610.

dem künige der Gigande
was harte misselungen
    Ernst 5266.

Eraclio dem jungen
wær harto misselungen.
    Er. 959.

daz der künic hêre
von der kristenheite kêrte
und den ungelouben mêrte.
    Ernst 5874.

der der werlde vil verkêrte
und den ungelouben mêrte.
    Er. 5057.

Insbesondere gemahnt die Rede, durch welche Eraclius seine Soldaten ermuthigt, an die Worte, die Ernst vor dem Kampfe mit den Schnabelleuten an seine Genossen richtet:

wir sin durch got ûz komen
    Ernst 3705.

gedenkt in iwerem muote
durch wen ir ûz kâmet.
    Er. 4508.

diz sint ungetoufte liute
    Ernst 3751.

diz sint boese liute.
    Er. 4512.

wirt uns hie der lip benomen
wir sin doch vor in genesen.
    Ernst 3766.

swelher iuwer hie geligot
der hât in doch angesiget
    Er. 4521.

Auffälligerweise stimmt der Text des Herzog Ernst an zwei Stellen genau zur Lesart der Wiener Hs.:

mit libe und mit guote.
des ist uns wol ze muote.
    Ernst 1931.

mit libe und mit guote.
des ist mir wol ze muote
    Eracl. 3171.

daz scheiden was jâmerlich
daz si von einander tâten
dô sie ez alsô heten gerâten.
    Ernst 4269.

daz scheiden wart dâ jæmerlich
daz sie von einander tâten,
swie siz heten gerâten.
    Eracl. 730.

Dass W hier an der ersten Stelle, welche in M ganz fehlt, das Aechte bewahrt hat, ist sehr wahrscheinlich. Ob auch an der zweiten, ist zweifelhaft (vgl. p. 13).

Dass Hartmann einen ziemlich weitgehenden Ein-

fluss auf Otte geübt hat, ist von Graef an zahlreichen Beispielen nachgewiesen worden (p. 33), die sich übrigens
noch vermehren lassen. Zu der Entsprechung Erec 5826
== Eracl. 2459 (2317 Ma) bemerke ich, dass auch hier in
der zweiten Zeile die Lesart von M die bessere ist (*sulen
wesen ein lip*) [1]. Dadurch wird einerseits wörtliche Uebereinstimmung mit dem Erec erzielt: andrerseits erhält das
logisch höchst betonte Wort auch die stärkste metrische
Betonung. Einige weniger wichtige Punkte hat dann Bech
in seiner Ausgabe berührt; vgl. seine Anmerkungen zu v.
662. 1338. 1578. 2339. 5538. 9308.

Auch im I w e i n finden sich noch einige Anklänge:

mîn lîp wære des wol wert	man sol durch mich stechen
daz mich mîn selbes swert	ein wol snîdendez swert.
zehant hie an im ræche	des bin ich einiu wol wert.
und ez durch in stæche.	Eracl. 4000.
Iw. 3995.	

daz sî sîn wol gedæhte	daz erz ie gedâhte
und ez ze rede bræhte	od zuo der rede brâhte
Iw. 5557 (cf. Lanz. 758).	Er. 4611.

sî wâren der schilte	ez wâren tambûre
ein ander harte milte	ir helme unde ir schilde.
Iw. 7131.	sî wâren rehte milde
[grôzor slege wârn si milt.	der slege mit den swerten.
Wigamur, 1833].	Er. 4828.

Otte hat auch das e r s t e B ü c h l e i n Hartmanns gekannt; das ergibt sich aus folgenden Stellen:

gezüge et nâch unz an den tôt,	daz man mir den lîp dâ næme,
daz diuhte mich ein senftiu nôt.	daz wære mir ein senftiu nôt.
B. I, 190.	Er. 3160.

noch ist sî weiz got alsô guot.	erkande sie rehte mînen muot.
erkante sî rehte mînen muot.	nein sî aber, sie ist so guot. [2]
B. I, 207.	Er. 2873.

---

[1] Die Redensart ist sprichwörtlich. Vgl. Genesis Fdgr. 2, 18, 6:
sô sol man unt wîb werden beidiu ein lip. Reinbot's Georg 4584: *daz
ein man und sîn wîp solden haben einen lip.*

[2] Von Graef (Anm. zu 3056) erwähnt und mit Beispielen belegt.

er heizet'z eine behendigkeit.
daz in got gebe leit!
B. I, 275.

daz müeze då mite sin
B. I, 500.

swaz zo lidenne geschibt
B. I, 1065.

herze, håst du iht swære?
jå ich, der ich wol enbære.
B. I, 1201.

daz heizet girheit
daz ir got gebe leit!
Er. 1879.

daz si då mite
Er. 1493. 2513 (Bech).

swaz zo liden mir geschiet.
Er. 2005.

ich hån gesehen manigen man
von dem min herze nie gewan
so ungefüege swære
der ich noch lihte enbære.
Er. 2779.

Eine weitere Stelle habe ich in anderem Zusammenhang zu besprechen.

Ueber die Berührungen mit dem Nibelungenliede vgl. Graef p. 74. Dazu kommt:

daz was michel reht
Nibl. 1722, 1.

ir muget an disen alten
mir niht frum gesin.
Nibl. 2301, 2.

daz was reht (beide Male in
Er. 2553. Parenthese).

du maht mir wol frum sin.
Er. 3188.

Endlich könnte v. 3990 (iwer liep zergát mit leide) auf die bekannte Stelle am Schlusse des Nibl. (2378, 4) anspielen. Wahrscheinlich aber stammt diese Reminiscenz aus der Minnepoesie. Vgl. z. B.:

liebe muoz dicke mit leide zergån.
Hiltbolt v. Schwangau, MSH I, 280ᵇ.

Dazu Veldeke MFr. 58, 24. Morungen ib. 129, 33. Reinmar ibid. 187, 11. Der tugendh. Schreiber MSH. II, 148ᵇ.

Mit den Gedichten, die in seiner engeren Heimath entstanden sind, zeigt sich Otte wenig vertraut. Mit dem Grafen Rudolf und Herbort's Trojanerkrieg finden sich, soweit ich gesehen habe, gar keine Berührungspunkte: nur wenige mit dem Athis, und aus diesen darf man wohl kaum auf Entlehnung schliessen. Es sind die fol-

nü lât alrêrst wordin schîn
daz ir lieb hêtit minin lîb.
　　　　Ath. F 104.

nu sol an dir werden schîn
ob dir dîn vater wære
lieb oder unmære.
　　　　Er. 426.

ir arme sûbro virnât
　　　　Ath. C* 65.

dô wart benât manic arm.
　　　　Er. 1810.

Es scheint bisher noch nicht genügend beachtet worden zu sein, wie weit die lyrische Dichtung der Zeit auf die Epik eingewirkt hat. Ihr Einfluss zeigt sich einestheils in der Schilderung seelischer Zustände und in der Begünstigung breiter Reflexion (wozu allerdings auch die französische Epik das Muster abgegeben haben mag); dann aber in einer ganzen Reihe von einzelnen typischen Ausdrücken und Wendungen, welche die epischen Dichter aus dem Minnesang übernehmen. Das Publikum scheint daran ein besonderes Wohlgefallen gehabt zu haben; so huldigt denn auch der Verfasser des Eraclius dem Zeitgeschmack. Ich stelle die einzelnen Belege hier zusammen, indem ich das Sprichwörtliche besonders bezeichne, da hierin die Entlehnung natürlich sehr unsicher ist.

dâ bi vinde ich schiere
wol drî oder viere.
　　　　Rugge MFr. 109, 6.

der selben funde ich wol drî,
wolde ichs mit flîze mochen
　　　　Eracl. 518.

ez geschiht gar swaz
geschehen sol.
　　　　Gutenberg 74, 36.

wan daz geschiht daz muoz wesen.
　　　　Eracl. 547.

Sprichwörtlich: vgl. Reinm. 164, 2. 177, 21. Ben. zu Iw. 6567. Erich Schmidt, Reinmar v. Hagenau und Heinrich v. Rugge (QF. IV) p. 101.

sist aller güete ein gimme
　　　　Johansdorf 93, 4.

si ist ein gimme reine
　　　　Eracl. 2149.

Vgl. Eberhard v. Sax MSH. I, 70ᵃ. Burdach, Reinmar der Alte und Walter v. der Vogelweide p. 42.

den diu minne blendet,
wie mac der gesehen?
　　　　Walt. 69, 27.

diu minne kan wol blenden
den man, daz er niht ensiht.
　　　　Eracl. 2338.

si sol mir iemer sin
vor allen wiben.
Reinm. 150. 5.

diu liebe keiserinne
diu mir ist vor allen wiben.
Eracl. 2428.

Vgl. Horheim 114, 27. Wilmanns, Leben Walters p. 364, Anm. 179.

der minne bant.
Rugge 102, 3.
Morungen 140, 8.

nu bin ich gewis daz mir si
ein solhez bant an gelaht
daz mich tac unde naht
ûz der mâzo twingen sol.
Eracl. 2793.

Vgl. E. Schmidt a. a. O. p. 87; Wilmanns a. a. O. 368, 193.

deich aus gevangen wære
Rugge 107, 10.

nu bin ich gevangen
Eracl. 2798.

min lip vor liebe muoz ertoben.
Rugge 103, 19.
(cf. E. Schmidt, p. 88).

Parides wânde, er solde toben.
Er. 2830.

bleich und eteswenne rôt,
alsô verwet ez diu wîp.
Reinm. 178, 31.
(E. Schmidt, p. 99).

misselich wart er gevar,
val, bleich unde rôt.
Er. 2832.[1]

mine sinne welnt durch daz
niht von ir scheiden.
Gutenb. 81, 22.
(Wilmanns a. a. O. 371, 199).

sine sinne kâmen von ir niet
als im diu rehte minne riet.
Er. 2853.

het ich ... doch zwêne
tage und eine guote naht
mit ir ze redenne âne strit.
Rugge 109, 18.

daz ich eine naht und einen tac
— — — — — — — —
ir süeze minne müese hân.
Eracl. 2869.

sô geschæhe an mir daz nie geschach.
Reinm. 189, 36.

ez wæne nie manne geschach
daz mir hiute geschehen ist.
Eracl. 2896.

solt ich an fröuden nu verzagen.
Rugge 107, 17.

daz er an fröude was verzaget.
Eracl. 2956.

mir tuot âne mâzo wê
daz ich si sô lange mide.
Dietmar v. Eist 32, 15.
Vgl. Wilmanns a. a. O. 399, 325.

deich dich miden muoz, daz tuot
[mir wê
Er. 3820.

[1] Dies Motiv kann ebensogut der epischen Poesie entlehnt sein:

wîp mit güeten sol ir êre hüeten.
    Reinmar 200, 36

ist si in debeinen güeten,
er sol ir ze mâzen hüeten.
        Er. 4183.

Selbstredend findet hier in den allerwenigsten Fällen
eine bewusste und directe Entlehnung statt: aber das wird
jedenfalls Niemand bestreiten, dass Otte eine eingehende
Kenntniss der zeitgenössischen Lyrik basass und mit den
Phrasen der Minnesänger seine Darstellung zu schmücken
bemüht war. Die Anklänge an die Minnepoesie sind mit
dem Obigen noch keineswegs erschöpft. Bemerkenswerth
erscheint z. B. noch der häufige Gebrauch des Wortes *sælec*
(648. 668. 1068. 2814. 3149. 3776). Es ist dies ein Lieb-
lingswort Reinmars (Burdach a. a. O. p. 103). Die Stelle
v. 2192:

> sîn ouge dem herzen jach,
> ern hæt sô schoenes niht gesehen.

kann trotz der nahen Beziehung zu Parz. 28, 29 (Graef
p. 39) ebensowohl eine Reminiscenz aus dem Gebiete der
Lyrik sein, wo Herz und Auge sehr oft zu einander in Beziehung gesetzt werden. Vgl. E. Schmidt, p. 116; dazu die
bekannten Verse von den Augen des Herzens Walt. 99, 22.
Wolfram Lieder 5, 18. König Wenzel MSH. I, 9ᵃ und besonders Büchl. I, 584 ff.

Aus derselben Quelle stammt der Vergleich von *wîp*
und *vederspil* (2519): der Kürenberger gebraucht dasselbe
Bild (MFr. 10, 18).

Eine andere Stelle erinnert in Stil und Ausdruck
lobhaft an die Gattung des Tagelieds (v. 3808 ff.). Der
Abschied der Kaiserin Athanais von Parides wird ge-
schildert:

> „nû muoz ich durch den willen dîn",
> sprach daz minniclîche wîp,
> „vorliesen êre unde lîp.
> âne zwîvel bin ich des."
> „dâ müeze iuch got", sprach Parides,
> „durch sînen tôt vor bewarn."

Hier ist aber nun ein höchst characteristischer Unter-

liedern das Weh der Trennungsstunde alle anderen Gedanken in den Hintergrund drängt, lässt hier der Dichter
seiner realistischen Neigung folgend mehr das Zaghafte
im Charakter des Weibes hervortreten. Das mag lebens-
wahr sein, aber poetischer ist es nicht.

Dass Otte auch mancherlei der Spruchpoesie entlehnt hat, wird nicht auffallen; denn beinahe in jedem
epischen Gedichte der Zeit finden sich längere oder kürzere
Partieen didactischen Characters. Es ist schon vorher von
dem Sprichwörtlichen in unserem Gedichte die Rede gewesen: nun zeigt es sich, dass mehrere Stellen mit Versen
Freidanks übereinstimmen, wie W. Grimm in seiner Einleitung (p. XC) nachgewiesen hat. Auch sonst schöpft der
Dichter gerne aus dem Schatze nationaler Spruchweisheit.
V. 494 ist von der Armuth die Rede; mit dieser Stelle
berührt sich eine andere aus Spervogel (MFr. 22, 9). Ihr
muss ein „swacher gruoz" genügen (507 = Sperv. 22, 14
si grüezent in vil tråge[1]). Ferner v. 1964:

> er sach wol das mit golde
> kupfers vil geroetet was.

Vgl. dazu Zingerle zu Friedr. v. Sonnenburg IV, 473:
Walter v. Klingen MSH. I, 72[b]. Krone 11359.

Zu dem Spruche v. 2444 (state lêret diebe steln) vgl.
Boner 61, 18: wan stunt und stat vil dieben macht: und
Tristan ed. Michel II, 18: aise de prendre fait larrun. —
Sprichwörtlich ist weiterhin die Erwähnung von Salomon
und Samson (2457). Vgl. altd. Bl. I, 76, 19. Hor. Belg·
I, 94. Freid. 104, 22. Reinm. v. Zweter MSH. II, 195[b·]
Parton. 8888. Frauenlob MSH. III, 355[a]. Hugo v. Mont-
fort (ed. Bartsch) XXIV, 37.

Zu v. 2737: solch hazzen unde niden mohte er gerne
liden vgl. die von R. Preuss in seinem Aufsatze „stilistische
Untersuchungen über Gottfried von Strassburg" (Strassb.
Stud. I, 68) beigebrachten Belege. Ausserdem: den biderben
man hazzit, swenn er die tugint vazzit. Pilatus 473. Reinmar MFr. 200, 17.

v. 4297 (*mit gesehenden ougen was er blint*), den Graef
aus dem Iwein ableiten will, ist ebenfalls sprichwörtlich:
vgl. Bruder Wernher MSH. II, 235[b] *wir wâren in der
vinster mit gesehenden ougen blint.* Dazu MSH. II, 231[b].
275[b]. 355[a]. Hugo v. Montfort XXXII, 93. Minnelehre
413. Walther ed. Wilmanns p. 359.

Was ergibt sich nun aus dem Gesagten für die Entstehungszeit unseres Gedichtes? Von vornherein ist sicher,
dass Massmanns Bestimmung (das Jahr 1150) abzuweisen
ist. Schon gleich nach dem Erscheinen der Ausgabe wies
Lachmann (zu Iwein p. 487) darauf hin, dass es unmöglich
angehe, das Gedicht in so frühe Zeit hinaufzurücken. Nach
ihm stellte dann Wilhelm Grimm (zu Athis und Prophilias
p. 33: kl. Schr. III, 250) fest, dass der Eraclius in das
erste Jahrzehnt des 13. Jahrhunderts gehöre. Zu diesem
Resultat stimmen auch die oben angeführten Beziehungen
zu anderen Dichtern. Neuerdings hat Graef (p. 40 seiner
Ausgabe) die Entstehungszeit des Gedichts noch enger ein-
zugrenzen versucht; er setzt es n die Jahre 1203 oder 1204.
Graef geht bei seiner Untersuchung von einer historischen
Anspielung in dem Gedichte aus, welche sich v. 4225 ff.
findet:

> dô heten die Kriechen, daz ist wâr,
> mêre dan fünf hundert jâr
> Rômisch rîche in ir gewalt.
> des sint ir künige noch sô balt
> daz sie sich keiser nennent,
> swie wol sie doch erkennent,
> wie in ir gewalt wart benomen.

Graef schliesst hieraus, dass der Eraclius vor dem
Sturze des griechischen Kaiserthums durch die Kreuzfahrer
(1204) gedichtet sein müsse. Da nun Hartmann's Iwein,
den Otte gewiss gekannt hat, vor 1203 fällt, so soll hier-
durch die Entstehungszeit des Eraclius genau fixirt sein.
Nun hat aber Preuss in seiner oben erwähnten Schrift (p. 12)
zur Evidenz nachgewiesen, dass Otte in hohem Grade von
Gottfrieds Tristan beeinflusst worden ist. Hier liegt also
ein Widerspruch vor. Wenn dies der Fall ist, wie kann

wie bekannt, frühestens 1207 erschienen ist? Graef hat
diese Schwierigkeit dadurch aus dem Wege zu räumen
gesucht, dass er die Uebereinstimmung zwischen Gottfried
und Otte für zufällig erklärte. Dass dies nicht denkbar
ist, wird jeder zugeben, der den betreffenden Abschnitt bei
Preuss gelesen hat. Sehen wir von der auffallenden Uebereinstimmung einer Reihe stilistischer Punkte ganz ab: so
kehren doch fast alle die Gedanken, welche Gottfried in
seinem bekannten Excurs über die Verblendung der Lieben-
den und über die „huote" entwickelt (17774 ff.), an verschiedenen Stellen des Eraclius wieder. Dazu kommt eine
Erwägung allgemeiner Art. Man beachte, wie sich die
Hauptpersonen in beiden Gedichten entsprechen: Fòcas =
Marke, Athânais = Isolde, Parides = Tristan. Danach
kann man es schon glaublich finden, dass Otte angeregt
durch das Vorbild Gottfrieds und durch den Beifall, den
derselbe fand, grade diesen Stoff aufgriff, dessen Grund-
motiv dem des Tristan so ähnlich war und der den Interessen
seiner Zeit so nahe lag.

Nehmen wir also an, dass Otte nach 1207 gedichtet
hat, so ist noch sein Verhältniss zu Wolfram ins Auge
zu fassen. Die wenigen Stellen, welche Graef anführt, beweisen noch nicht, dass Otte den Parzival benutzte. Sehr
wahrscheinlich wird er ihn gekannt haben; aber es lag ihm
als Nachfolger Gottfrieds fern auf Wolframs Wegen zu
wandeln. Der Vergleich der Kämpfenden mit Schmieden
Eracl. 4786 ff., auf den Preuss hinweist, ist nicht dem
Parzival, sondern eher der Eneide, wenn nicht dem Volks-
epos entnommen (vgl. Behaghels Einl. zur Eneide CXXXIX).
Wenn andrerseits Wolfram den Namen des Eraclius nennt
(Parz. 773, 21) so beweist dies, wie Preuss sehr richtig
bemerkt, noch keineswegs, dass er Otte's Werk gekannt
hat. An die Stelle der französischen Namensform setzt
Wolfram diejenige, die ihm z. B. aus der Kaiserchronik bekannt sein musste: und wenn er in seiner wortspielenden
Manier den „Ercules" beifügt, so hat er diesen entweder
aus Herbort's Gedicht oder dessen Quelle entnommen.

Grössere Schwierigkeiten bereitet bei unserer Auf-

— 44 —

fassung die oben angeführte historische Stelle. Indessen glaube ich, dass dieselbe unserer Annahme nicht widerstreitet, wofern nur v. 4228 (*des sint ir künige noch so balt*) anders aufgefasst wird. Ich meine, dass diese Anspielung noch passender auf die Zeit bezogen wird, als die byzantinischen Kaiser aus ihrer Hauptstadt vertrieben waren. Bekanntlich gründete Alexius Comnenus, ein Verwandter des Kaiserhauses, schon am Ende des 12. Jahrhunderts ein neues Kaiserreich in Kleinasien mit der Hauptstadt Trapezunt.[1] Dass Alexius schon frühe den kaiserlichen Titel annahm und während seines Lebens führte, musste den Zeitgenossen um so lächerlicher erscheinen, je weniger derselbe im Verhältniss zur wirklichen Macht des Fürsten stand. Uebrigens führten auch andere Fürsten zu gleicher Zeit denselben Titel: Balduin von Flandern in Constantinopel, Theodor Lascaris in Nicäa und Michael Angelus in Epirus und Thessalien (Fallmerayer a. a. O. p. 69). Gegen alle diese Herrscher wendet sich Otte an jener Stelle, der die Verhältnisse sei es durch eigene Erfahrung, sei es durch die Berichte anderer recht wohl kennen gelernt haben konnte.

Ferner nehme ich im Gegensatz zu Graef an, dass v. 4231 (*wie in der gewalt wart benomen*) nicht auf die Verdrängung der Byzantiner aus Italien geht; denn auch nach diesem Zeitpunkte stand das oströmische Reich zunächst immer noch mächtig und angesehen da. Ich gebe zu, dass nach v. 4240 (der mir übrigens verderbt scheint) eine grössere Lücke anzunehmen ist. Es müssen hier unbedingt mehrere Verspaare ausgefallen sein: was auch Scherer (in der Anmerkung zu v. 4478 der Graef'schen Ausgabe) anerkennt. Diese Lücke hat möglicherweise eine Anspielung auf die Eroberung von Byzanz enthalten; der Schreiber der gemeinsamen Vorlage von MW hat diese Verse, da er den erwähnten Ereignissen der Zeit nach nicht fern stand, wegzulassen für gut befunden.

---

[1] Vgl. hierüber Fallmerayer, Geschichte des Kaiserthums Trape-

Ich fasse jetzt das Resultat zusammen: Otte hat jedenfalls nach der Einnahme von Byzanz und nach dem Erscheinen von Gottfrieds Tristan sein Werk verfasst: also
nicht früher als 1207. Wonn wir nun berücksichtigen, dass
Konrad Flecke, wie Graef wahrscheinlich gemacht hat, den
Eraclius benutzte, so ergibt sich als terminus ad quem etwa
1220. Zu einer noch genaueren Bestimmung fehlt es an
Anhaltspunkten: in runder Zahl wird man das Jahr 1210
als Entstehungszeit bezeichnen dürfen.

Es ist mir eine angenehme Pflicht, Herrn Geh. Hof-
rath Bartsch für die freundlichen Rathschläge, die er mir
sowohl während meiner ganzen Studienzeit als auch bei
dieser Arbeit gegeben hat, hier meinen aufrichtigen Dank
auszusprechen. Ebenso bin ich Herrn Prof. Behaghel für
manchen nützlichen Wink zu Dank verpflichtet.